RIMES DE VIE ET DE REVES

Natacha Pensart

(Tous droits réservés. © Reproduction interdite . Natacha PENSART janvier 2019
N° ISBN : 978-2-9558482-3-4)

Ce nouveau recueil de poèmes fait suite au premier, « rimes d'états d'âme », dans le même répertoire, les mêmes idées. Mes maîtres mots restent l'amour, la paix, l'harmonie. Parfois aussi la souffrance.
Entre les jeux de rimes et les histoires rimées, ce recueil est une invitation à laisser l'imagination de chacun faire son chemin. Au travers de textes cherchant à apporter du rêve, de l'espoir, et voulant favoriser l'ouverture d'esprit dans le respect et la paix, je vous invite dans des voyages intérieurs, parfois comiques, parfois tristes, parfois mystérieux. Mais toujours avec sincérité et amour.
Au fil de sa lecture, vous pénétrerez dans de nouvelles ambiances, dans de nouveaux mondes.
Ce recueil est aussi une façon d'exprimer ma détermination à montrer aux gens qu'avec de la volonté, on peut arriver à réaliser ses rêves. Il faut y croire, y travailler. Et avoir confiance en soi. Et il faut oser !
Si vous avez des rêves, alors faites en sorte de les vivre. N'attendez pas qu'il soit trop tard. Le mien, c'est d'écrire des poèmes. Publier des recueils, c'est du pur plaisir. Si un jour je peux vivre de cette passion, alors tant mieux. Sinon, j'aurais au moins essayé, osé. Et je n'aurais aucun regret. J'en aurais eu de ne pas me faire ce plaisir.

Bienvenue dans cette nouvelle aventure !

Il y les non-dits
Il y a celui de trop
Ceux qui viennent du cœur
Ceux qu'on garde dans ses pensées
Quoi que vous en fassiez
Ils sont de grande valeur
N'oubliez jamais qu'un mot
Peut changer une vie

Quoi de plus magique
Lorsqu'une âme unique
Décide de créer sa vie
Comme son cœur en rêve
Elle déploie une immense énergie
Et son esprit s'élève.

L'être humain et ses faiblesses
Parfois mènent à l'euphorie
Parfois mènent à la tristesse.
Pour aujourd'hui il est trop tard,
Au lieu d'aimer la vie,
Je ne ressens que cette souffrance
D'avoir laisser mon âme un soir
Céder à ce besoin d'existence.
Mon cœur rempli d'amour
De mon Moi s'est déconnecté,
Et voudrait ne plus battre pour toujours,
Car dans sa peine il s'est noyé.

Je t'aime...
Ces mots que je ne peux que ressentir,
Ces mots que je ne peux te dire,
Qu'en écrivant pour que tu ais un visuel
A défaut de te le prouver en réel.
Tu me manques tellement...
Chaque jour mes sentiments n'étaient plus les mêmes.
Ils n'en étaient que plus grands.

Rêve ou réalité ?
Un désir caché.
La question m'a été posée.
J'ai choisi de rester,
Pour mes bébés.
Mais pour quelle durée ?
Dans un prochain sommeil je le saurais...

L'amour est un sentiment.
Il est en mon cœur une réalité.
Tous les jours et partout il est présent.
Aujourd'hui notre mère me l'a rappelé,
En laissant sur mon chemin
Cette pétale de fleur posée,
Que j'ai prise dans ma main,
Pour ressentir son énergie vibrée.

Mon âme meurtrie,
Mon corps sans vie,
Mon cœur sans bruit,
La mort j'ai choisi.
Non pas celle où tout est fini,
Mais celle d'une nouvelle énergie
Puissante et existante à l'infini.
Grâce à la morsure de mon ennemi,
Devenu mon allié aujourd'hui,
Mon âme errera désormais dans l'obscurité,
Ayant la lune pour guide.
Mon cœur devenu noir,
Dans ces forêts humides
Cherchera sa proie.
Dans le silence devenu ma loi,
Le sang devient mon intimité,
Mon compagnon de tous les soirs.

La nuit est si tranquille.
Les étoiles brillent,
Les lucioles scintillent.
Mon corps vacille,
Mon cœur part en vrille,
Aimer c'est parfois difficile.
C'est pourtant l'essence de la vie.

Le temps passe,
Peu à peu la douleur s'efface.
Mais les souvenirs restent.
Les sentiments subsistent.
La souffrance se fait muette.
Le cœur continue de battre,
Pendant que l'âme plonge
Dans un monde de songes.

Il faut parfois savoir
Une bonne fois pour toute dire au revoir.
Ce matin, debout sur ce promontoire,
J'ai accepté de ne plus garder cet espoir.
Dans mes rêves j'ai pu voir
Que le plus important est de garder en mémoire,
Tout ce qui a permis à mon cœur de ne jamais devenir noir.

Il n'y a pas de plus beau ciel
Que celui rempli d'étoiles
Dans les yeux de mes enfants.
Lorsque je rentre à la maison,
Ils m'accueillent à grands sons,
Faisant disparaître les maux du néant.
Pas besoin de la chaleur d'un poêle,
Leur sourire plus lumineux que le soleil
Remplace tous les je t'aime.
Pour eux je fais de même.

Ils ne font pas qu'éteindre des incendies
Ils interviennent aussi lors d'intempéries
Et dans les accidents ou maladies
Ils sont présents pour vous, votre famille et vos amis
Comment ne pas leur dire Merci
A ces gardiens de nos vies.
Hommes et femmes pompiers,
Professionnels et volontaires du monde entier,
Bravo et merci d'avoir choisi ce métier.

Assise sur un rocher
Abrité par un noyer
J'écoute les insectes chanter,
Je regarde l'obscurité
Dans l'espoir de rencontrer un invité,
Qui, sur ses 4 pattes dressées,
M'observerait.
J'entends la rivière couler
Les feuilles des arbres bouger
Puis soudain, dans ces chants nocturnes
Un animal se met à crier.
Je lui souhaite le bonsoir
Et Aïe ! une noix jetée sur la tête
Fut la réponse du loir.

Hommes, pourquoi tant de haine ?
Hommes, pourquoi imposer tant de peine ?
Hommes, pourquoi vouloir dominer ?
Hommes, pourquoi vouloir posséder ?
Hommes, pourquoi avoir fait de la Terre
Notre planète, un tel Enfer ?
Vous parlez d'amour avce votre conjoint,
Mais vous faites la guerre à votre voisin
Vous exigez le respect envers vous-même
Alors que vous ne respectez rien vous-même
La terre est la plus belle des planètes
Vous en avez fait la plus laide
Ne cherchez plus à faire la guerre
Ne tuez plus les animaux de cette Terre
Ouvrez votre coeur à l'amour et au bonheur
Ouvrez vos yeux et voyez la beauté et la douceur
Vivons enfin ensemble pour faire de notre Terre
Le paradis de l'univers.

Par les ténèbres je suis entourée
Le diable est à mes côtés
Mon coeur s'est arrêté
Lorsque tu m'as quitté
Le silence sera ma vie
Jusqu'à ce que l'enfer ait fait place au paradis

Dans ce ciel étoilé
Un nuage apparaît.
Un visage dessiné
Qui me semble familier.
Un jeune âge approximatif déterminé.
Quel est ce message envoyé ?
Es-tu un de ces enfants recherchés ?
A la nuit tombée
Lorsque mes yeux viendront à se fermer,
Viens dans mes rêves te présenter,
Délivre moi ton message éclairé.
Ceci est ma prière d'esprit de paix.
Puisses-tu retrouver la sérénité
D'être une âme aimée.

Lumières et scintillements
Ce soir réveillent de profonds sentiments.
Comme ces grillons et leurs doux chants
Qui apaisent mon âme d'enfant.
Ce splendide ciel étoilé
Avec ses flash d'un orage lointain,
Dessine un sourire non dissimulé
Dans un cœur comblé d'un amour certain.
Et appréciant ce spectacle d'un autre monde,
Apparaissent des lucioles par dizaines,
qui, dans cette magie lumineuse, se fondent,
Et jusqu'au plus loin de la galaxie m'emmènent.

Les colères du passé
A la sagesse ont fait place.
Merci à ces âmes éveillées
Pour toutes ces paroles censées.
Le cœur aujourd'hui en paix,
Bat au delà du temps et de l'espace,
Pour développer l'amour et le partager.

Contemplative sur ce rocher
Protégée par les feuilles du noyer
Je savoure ces instants de paix,
Avec un amour illimité
Que mes enfants me donnent sans compter.
Quand je repense à ces colères du passé,
Je suis heureuse d'avoir évoluée.
Aujourd'hui je ne peux qu'apprécier
Cette vie que je me suis accordée.
Libre de mes pensées,
Je suivrais mon cœur pour l'éternité.

Comme j'aime ce ciel étoilé
Que j'admire en cette douce soirée,
En attendant la nuit tombée
Dans l'espoir d'un vœu à prononcer.
Je peux en tous les cas profiter
Du spectacle qui m'est donné
Par ces insectes qui se sont mis à chanter.
Quel bonheur me procure ces instants de paix.
Si seulement dans le coeur des hommes ils pouvaient pénétrer...

Ma seule raison d'exister
Est ce nombre d'âmes à sauver.
Si demain le monde s'ouvre à la paix
Je pourrais à jamais me reposer.
Ceci est mon unique souhait :
Un univers d'harmonie et de respect.
De l'humain sans humanité,
Je suis profondément fatiguée.
Pourquoi ça leur est si dur d'aimer ?

Pour mes parents que j'aimerais profondément pour toujours :

Mon papa,
Il est mon roi.
Ma maman,
Elle est mon diamant.
Ils m'ont donné la vie
Et je les en remercie.
Dans mon cœur,
Ils sont la plus grande des valeurs.
L'amour et le respect ils m'ont appris.
Mon propre chemin ensuite j'ai suivi.
Pour eux me comprendre n'est pas aisé.
Je n'ai pas la prétention d'être une âme éveillée.
J'ai choisi malgré les expériences passées
De guider le monde vers la paix.

Mon coeur n'est qu'amour

La nuit du séisme il s'est présenté
Pour me parler d'une souffrance qu' il allait m'infliger,
Me précisant que j'en mourrais
Ou que je me suiciderais.
Après avoir pleuré,
J'ai décidé de refuser.
Mon coeur plein d'amour
Est mon allié de toujours.
Pourtant la nuit suivante
Alors que mon esprit pensait au message de Gaïa, celui du scarabée,
Qui conseille de ne rien rejeter,
Je me suis sentie si vivante.
Puis s'est réveillée une douleur au plus profond de moi.
C'est par mon amour que je me sens étouffer
C'est par cet amour que je ne veux plus exister
C'est si compliqué...
Mon coeur est comme déchiré.
Heureusement j'ai mes bébés
Avec qui je peux une forme d'amour partager.
Mon amour est ma souffrance.
Ma vie est vouée à cette errance.

Mon coeur de nouveau touché
Étouffe de ses sentiments non dévoilés.
Il aimerait tant exister
Pour cet être depuis longtemps aimé.
Mon âme ne veut pas l'accepter,
Encore en train d'analyser
Les raisons qui me font chuter.
Deux jours où en moi il n'y avait plus de paix,
Tant je l'aimais et avais envie d'être aimée.
Aujourd'hui j'ai compris et accepté
Qu'il ne sert à rien de lutter.
Il fait parti de mes pensées
Pour des raisons en partie expliquées
Par les carences du passé.
Je peux me tromper,
C'est ma spécialité,
Mais son bonheur je ne pourrais lui apporter,
Je n'ai pas de temps à lui accorder.
Solitaire je veux et dois rester.
Dans mes rêves j'irais le retrouver,
Jusqu'à ce que soit revenu en moi, la paix,
Et le bonheur de simplement aimer.

Il y a des rêves
Qu'on pense n'être que des illusions,
Des désirs qu'on pense impossible à vivre.
Puis un jour, le voile du doute se lève,
Et apparaît le plus beau des horizons,
Celui où l'amour devient libre.

Je viens de nouveau de rêver de toi.
De ces instants passés dans tes bras.
Ces heures auprès de toi
Ne me suffisent pas.
Mon amour est de plus en plus grand.
Mon corps te désire ardemment.
Ma seule envie à présent
Te prouver la force de mes sentiments.
Je t'aime tant !!

Les raisons de ta non-existence
Sur le désir ont dominance.
Pourtant les messages étaient contraires,
Les cartes étaient précises
J'ai ce choix à faire ...
La certitude acquise,
J'ai déjà choisi
Je ne t'accorde pas la vie.
Cette décision est devenu douleur
Mais je ne pourrais t'offrir le bonheur
Je ne pourrais t'apporter la protection
Malgré cet ange de perfection
Le temps passé
Est mon allié
Car s'il avait dit oui
Je crois que moi aussi.
Et vous mes loulous
Êtes mon garde-fou.
Se battre contre ce monde de douleur
Je ne veux pas te le faire subir
Je laisserais simplement les pleurs
Apaiser mon désir
Et garder secret au fonds de moi
Mon amour pour toi.

N'oublie jamais :
Que j'ai des oreilles pour écouter,
Que j'ai des épaules pour consoler,
Que j'ai des bras pour apaiser,
Que j'ai une âme prête à aider,
Et que j'ai un coeur pour aimer et pardonner.
Si un jour le besoin se fait sentir,
Je suis prête à monter.
Rien ne peut me faire fuir
Si mon soutien je peux apporter,
A toi ou à un de tes proches.
N'oublie jamais :
Je te suivrais, sans doute ni reproche.

Il y a des mots qui pour moi sont sacrés.
Leur utilisation doit être faite avec respect.
Ce soir tu les as prononcé
Comme si ce que nous vivions en était le reflet.
Une larme d'un intense amour ne pouvait que couler.
Tu m'observais, je t'attendais.
Toi loup qui se faisait discret,
Moi ton indienne aux sentiments cachés.
Je ne sais pas de quoi l'avenir sera fait
Mais c'est toi que j'aime et que j'aimerais.

Mon âme hurle d'amour
Mon coeur revit à chaque levé du jour
Mon corps cherche tes mains de velours.
Tout a basculé comme par ivresse
Je me sentais comme une pécheresse
Tu m'a traité comme une princesse
Je m'accroche à ce tourbillon de vie.
Je garde silencieux mes cris
D'un amour infini
Merci....
Pour toute cette tendresse
Pour tout cet amour

Croyez en la bonté de l'univers
Il n'y a pas de coïncidence
Apprenez à lui faire confiance
Il travaille à votre bonheur sur cette Terre.
Même si le chemin vous paraît difficile
Ne laissez pas le doute vous envahir.
Certaines leçons ne sont pas faciles
Mais elles sont nécessaires pour votre avenir.
Gardez en vous l'amour
Gardez en vous la liberté
Remerciez la vie, tous les jours,
Pour enfin vivre heureux, pour l'éternité.

Vivre d'amour

Penser, toujours
Ecrire, sans détour.

Apporter du bonheur autour
Propager de la joie tous les jours
Aimer, sans retour.

Porter secours
Sans grand discours.
Faire preuve de bravoure
Et taire les tambours.

Suivre son parcours
A pattes de velours.
Effacer les traces comme le vautour,
Laisser le monde aveugle et sourd.
Et se contenter de sourire et dire bonjour

Qu'elles soient de douleur,
Ou de bonheur,
Les larmes viennent toujours du coeur.
Elles sont une extériorisation,
Une bénédiction,
Pour soulager l'âme en perdition.
Ce sont des moments
Où il faut laisser le temps au temps.
Et apprécier le présent.

Coeur un jour échoué,
Comme Robinson Crusoé,
Erra pendant des années.
Puis, un jour inespéré,
Son capitaine de vie il a rencontré.
D'abord s'est installé l'amitié,
Jusqu'à ce jour où l'amour s'est libéré.
Traversant ensemble les tempêtes du temps,
Les plaisirs de tout instant.
Leurs mains à jamais s'accrochant,
A ces nouveaux sentiments.
Malgré les doutes parfois existant,
Leur foi et leurs désirs sont puissants,
Car ils s'aiment sincèrement.
Le bonheur d'une nouvelle vie
Pour deux Âmes réunies,
Comme le phare des coeurs meurtris
Illumine l'infini.
Et fait ressortir des profondeurs, l'envie
De vivre cet amour fait de magie,
Et par les anges, béni.

L'amour a toujours guidé ma plume.
Souvent, les mots reflétaient mon amertume
D'un monde que je voyais fait de rancoeur.
Un ange est venu ouvrir la porte du bonheur,
Et j'ai laissé parler mon coeur.
Je ne veux plus faire couler l'encre du désespoir,
Mais apporter au monde, l'espoir.
Le sortir du noir
En brisant les miroirs.
Lui montrer la vie
Dans sa beauté infinie.

Avec mon passé, j'ai fait la paix.
J'ai grandi et évolué.
J'ai admis et compris
Pourquoi certains événements de ma vie
Aussi durs soient ils, se sont produits.
Lorsque vous êtes plein de chagrin
Ne condamnez pas le destin.
Continuez de croire au bonheur,
En suivant le chemin de votre coeur.
La vie n'est pas une fatalité.
Elle est le plus beau rêve que vous puissiez espérer.
Il ne tient qu'à vous d'ouvrir les yeux,
Et de voir à quel point le monde est merveilleux.

De nouveau envie d'écrire,
De partager ce nouveau sourire,
De dévoiler ce nouveau bonheur,
De parler de l'homme qui fait battre mon coeur.
Avec lui tout est différent.
Nous sommes comme deux adolescents,
Découvrant l'amour pour la première fois,
Et ayant en l'avenir une étrange foi.
Avec lui les journées ne sont que sérénité.
Dans ses bras, j'ai trouvé la paix.
Tant d'années écoulées
A se regarder
Sans jamais oser
Ne serait-ce que penser.
Alors que nos coeurs se cherchaient.
La vie nous paraît comme un mystère,
Mais j'ai confiance en l'univers.
Il faut écouter ce que notre coeur ressent,
Et laisser place aux sentiments.
L'amour est un cadeau merveilleux,
Un bien être des plus précieux.

Elle est symbole de froid
Et aussi de pureté.
Pour certains, de gaieté,
Et pour d'autres, un retour à la foi.
Elle n'apparaît pas à toutes les saisons,
Sauf au delà de l'horizon,
Où résistent d'éternels flocons.
Même ceux qui prétendent ne pas l'aimer,
Ne peuvent nier sa beauté
Au travers de cartes postales.
Ou quand elle apparaît le jour natal,
Symbole de joie et d'espérance,
Où est mis à l'honneur, l'innocence.
Alors qu'en sa présence les corps se couvrent,
Les coeurs, réchauffés par la magie de la neige, s'ouvrent.

Quelle que soit leur hauteur,
Quelle que soit leur couleur,
Depuis leur sommet sans comparaison,
On y découvre de nouveaux horizons.
Aussi bien ceux de la Terre,
Que ceux de l'univers.
Ou encore ceux de notre vie,
Ceux du bonheur infini.
Les montagnes sont la magie du rêveur,
De celui qui sait ouvrir son coeur.

Toute une vie

Un jour, j'ai voulu mourir
Ne sachant pas ce que je pouvais offrir
A ce monde dans lequel je ne faisais que souffrir.
Ne croyant plus à la réalisation de mes désirs.
Avec sincérité, j'ai appelé mes anges,
Prête à toutes les concessions, même étranges.
Ma mort pour la vie d'un innocent en échange,
Même au diable, chanter ses louanges.
Mais même lui n'a pas voulu m'accueillir.
Alors j'ai continué à sourire,
Ne désirant que partir,
Laissant les événements me détruire.
Et un jour apparue une révélation.
Mon existence avait une raison.
J'avais enfin trouvé ma vocation.
Et une nouvelle et réelle passion.
Enfin je voulais vivre.
J'ai plongé dans les livres,
Pour trouver la route à suivre
Et mon destin poursuivre.
Je voulais toutes ces âmes délivrées,
C'est devenu ma raison d'exister.
Même si je ne trouvais pas la paix,
Apporter du bonheur était devenue ma priorité.
Par la suite, plus d'une fois elle est venue frappé à ma porte
Me disant qu'il était l'heure qu'elle m'emporte.
A chaque fois dans des lieux étranges elle me transporte.
Mais grâce à mon amour je suis devenue plus forte.
J'ai suivi les chemins de mon coeur,
Même lorsque je ressentais la peur,
Ou lorsque mon instinct me prévenait que ça finirait en pleurs,

Au fonds de moi, je savais que ça me conduirais au bonheur.
La mort n'est plus ma seule envie.
Aujourd'hui j'ai choisi la vie.
Mon coeur plein d 'amour pour lui,
Cet homme qui m'a toujours sourit,
Et pour mes enfants
Qui, certes sont différents,
Mais tout aussi innocents,
Tout autant à leur existence, méritant.

Symbole d'honneur,
Pour des hommes de valeur,
Mais aussi de pureté,
Et même d'humilité,
Il a pour destin de servir.
Et dans le respect, donner le droit de mourir.
Avec courage, il protège les innocents.
Cadeau d'un coeur aimant,
D'un homme bienveillant,
Il est mon sabre blanc.

Il n'y a pas d'âge
Pour tourner la page,
Pour commencer un nouveau livre,
Pour accepter de vivre.
Évoluer vers la sagesse,
N'exclus pas de profiter de la tendresse.
Temps que vous êtes en vie,
Tous les rêves sont permis.
Il ne tient qu'à vous de prendre la décision
D'enrichir vos émotions.
Si vous voulez le bonheur,
Écoutez votre coeur,
Choisissez d'avancer
Qu'elles que soient les difficultés.
Suivez votre chemin,
Construisez votre destin.
Soyez heureux
Soyez, de la vie, amoureux.

Trouvez l'harmonie avec la solitude,
Même si la vie, à son prélude,
L'âme en désuétude,
Le corps soumis par habitude,
Et que votre coeur ne supporte plus, de ces hommes, leurs turpitudes,
Gardez en vous une certitude,
Malgré vos inquiétudes,
De pouvoir sortir de cette servitude.
Aujourd'hui, décidez de trouver la quiétude
D'un amour en parfaite plénitude,
Pour cette vie, pour laquelle ayez une profonde gratitude.

Pour suivre votre destin,
Il ne faut pas y aller par quatre chemins,
Ne pas remettre au lendemain,
Et sauter dans le premier train.
Prenez votre vie en main.
Ne faites pas des difficultés, des liens.
Osez voir plus loin,
Votre rêve vous appartient.
Avancez en propageant le bien.
Tendez votre main,
Pour offrir votre soutien.
Et ayez foi et remerciez chaque matin,
Non pas que votre vie n'est rien,
Mais que vous êtes maître de votre destin.

Je ne suis pas qu'un être humain,
Je suis poète-écrivain.
J'ai choisi ma route.
Je n'ai plus de doute.
L'amour est mon chemin.
J'ai pris ma vie en main.
Au gré des mots,
Ma plume , comme un maestro,
Organise mes pensées
Sur des morceaux de papiers.
Pour exprimer des instants de vie,
A l'aide de rimes infinies.

De la nature je suis à l'écoute
C'est elle qui m'inspire.
Toutes mes peurs, elle a dissoute.
Grâce à elle, j'ai trouvé le sourire.
C'est elle qui a mis sur mon chemin,
Cet homme que j'aime pour la vie.
Grâce à lui, mon coeur est serein.
Et mon amour infini.

On en voit à tout âge.
Pour la plupart,
Ils sont un art.
On les aperçoit au gré du hasard,
Et pas seulement sur les bras des motards.
Il y en aient des rares,
Parfois dissimulés sous un foulard.
Il n'y a rien de bizarre,
Ils sont nos avatars.
Ils sont nos tatouages.

Installée devant la cheminée,
Je savoure une tasse de thé.
Ce soir, le vent glacial,
Présage des gelées matinales.
Je contemple ma meute endormie,
Confortablement couchée pour la nuit.
J'irais la rejoindre dans quelques instants,
Le temps de finir ce bol apaisant.
Mes pensées sont tournées vers l'être aimé,
Espérant bientôt le retrouver.
L'esprit en paix,
Et le cœur en toute sérénité,
Vont s'unir pour un nouveau voyage.
Un de ceux remplis d'images,
Avec l'espoir de l'y retrouver,
Pour une histoire à partager.

Noël est un jour de paix,
De joie et de partage.
Tu as décidé de t'inviter,
Comme prévenu dans les messages,
Et tu t'es accroché.
J'avais bien compris ce présage,
Mais ma décision n'a pas changé.
Il est beaucoup plus sage
Que tu reste loin de ce monde sans pitié,
Et que tu continue ton voyage.
Même si tu es pur amour,
Que ton cœur est lié au mien,
Je sais que nous nous retrouverons un jour,
Car tel est notre destin.
J'ai choisi que ça ne serait pas ce monde,
Qui a perdu toute foi.
Et qui fera tout à chaque seconde,
Pour t'empêcher d'être toi.
Je te dédie ce poème.
N'oublie jamais que je t'aime,
Bébé de Noël
Amour éternel.

A mon prochain voyage,
Point d'enfantillage.
Laissez mon corps danser avec les flammes,
dont la lumière guidera mon âme.
Je ne veux ni tombe ni caveau.
Éparpillez mes cendres dans les airs et dans les eaux.
Je veux voler dans le vent,
Nager dans les océans,
Partagez la terre des arbres et des fleurs.
Ne soyez pas en pleurs.
Rappelez vous que la mort est un nouveau chemin,
Une nouvelle aventure, un nouveau destin.
Je ne la craint pas.
Je ne la fuis pas.
Levez un verre à mon nouveau départ.
Je serais partout et nulle part.
Quand vous observerez la nature avec sérénité,
Peut-être me verrez vous, vous envoyez un signe d'amour et de paix.

Pesante tristesse
Envahissante maîtresse
Comme une incompréhensible détresse
Je te noie dans l'ivresse
Chaque fois que trop fort tu me blesse.
Mon coeur, comme un citron qu'on presse,
Étouffe de cette perte de sagesse.
Que dois-je faire pour que tu disparaisse ?
L'amour de cet ange plein de tendresse
Et ma folie poétesse
Auront raison de cette faiblesse.
De ma vie, je ne te veux plus l'hôtesse.
Je te chasse diablesse.
Tu n'as plus de raisin d'être, tristesse.

Ouvrir,
Et sourire.
Respirer,
Et aimer.
Croire,
Même sans voir.
Vivre,
Pour mourir libre.

Ce soir s'insinue dans mon coeur
De nouveau ce sentiment de peur.
Dans mon esprit, des chuchotements,
Au fonds de mon être, des hurlements,
Me font douter de qui je suis.
Quel est mon destin dans cette vie ?
J'entends ces mots parfois
Qui me font baisser les bras.
Mais je m'accroche à l'espoir
Que l'amour je peux y croire.
Ces larmes qui coulent en silence
Sont quelque part ma délivrance,
De ces maux que je ne peux exprimer
Qu'à travers les pages de mes cahiers.
Dans cette forêt, j'ai trouvé la paix.
A ces montagnes, je suis attachée.
Pourquoi dans cette simplicité
Tout semble si compliqué ?
Ce soir, j'ai juste envie de me sentir aimée
Et sincèrement encouragée,
Pour continuer d'aimer, d'aider et de créer
Car c'est la voie que j'ai choisi pour ma destinée.

Pluie de printemps
Monde renaissant
Gouttes d'eau
Perles de vie
Effaçant les maux
Et révélant leur Energie
En ce jour nouveau
Que la paix soit dans tous les esprits.

La lune éclairant mon chemin
De sa paisible clarté,
L'amour guidant mon coeur
Vers cet ange bienveillant,
A la croisée de nos destins,
Je ne peux que remercier
De ce véritable bonheur,
De vivre ce partage de sentiments.

Jeux de rimes

Lorsque tu en as marre
Que tu veux rester dans ton plumard
Que tu ne veux plus entendre ce tintamarre
Issu de ce monde de cauchemars
Alors fais comme les flemmards
Assieds-toi au bord d'une mare
Avec un verre de bon pinard
Peut-être y verras-tu nager un calamar ...

Lorsqu'une chose tu obtiens
Ne crois pas qu'à jamais elle t'appartient.
Garde à l'esprit qu'une personne qui te dis tiens
Ne t'apporte pas forcément tout son soutien.
A la différence de tout ce que ton coeur contient
Si les sentiments tu les entretiens
Alors ton équilibre tu maintiens.

Quand j'te dis j'taim '
Tu m'réponds idem
Ton cœur est mon totem
Nous formons un parfait tandem
Lorsque sonnera notre requiem
Alors nos âmes s'envoleront pour le grand chelem

Rapide comme un guépard
Agile comme un léopard
Constamment sur le départ
Tu escalades tous les remparts
Tu es un homme à part
Tout mon amour je te déclare

Tu n'es ni un toutou
Ni même un matou
Tu es un guerrier avant tout
Et mon ange surtout
Je te suivrais partout
Ton amour est mon atout
Ton coeur mon prochain tatoo

Enfant je voulais devenir une grande dame
Qui tisserait elle-même de sa vie la trame
Mais j'ai pris conscience de la réalité de mon âme
Et dans ce cœur une étrange flamme
Je suis une femme
Que l'amour réclame

La nuit tombée, ma vue devient flou
Mon corps se réfugie dans son igloo
Où me tiennent chaud mes loulous.
Puis en entendant les hurlements du loup
Je m'éloigne tranquillou
Me transformant à mon tour en morfalou
Mais ne soyez pas jaloux
Le jour revenu je reviens vers vous mes zoulous.

L'amour est un sentiment si merveilleux.
Aimer rend si heureux.
Quand il est partagé
Alors on atteint l'apogée,
Cette force qui vous dépasse,
Qui vous emmène dans l'espace,
Peut vous déstabiliser
Mais ne laissez pas le doute s'installer.
Laissez plutôt les larmes couler,
Sans vous soucier de ce qui peut se passer.
Apprenez à simplement et entièrement apprécier
Sans oublier de remercier
Pour cet amour partagé.

Hypnotisante lumière
Du fonds des ténèbres
Qui attire mon âme
Qui attise la flamme
D'une souffrance lointaine
Pourtant où n'existe plus de haine
Je me réfugie dans ma tanière
Pour fuir cet horizon funèbre
Je garde dans mon coeur
L'espoir d'un amour d'une puissante lueur.

Émerveillée comme une enfant,
Le regard pétillant,
Du Bleu, du jaune, du blanc,
Éparpillés dans ce vert dominant,
Des insectes butinant,
Des feuilles dansant avec le vent,
Des oiseaux chantant,
Pour la paix d'un coeur aimant,
Pour l'énergie d'un esprit combattant.

Je n'ai pas de haine
Juste de la peine
Que je ne peux exprimer
Qu'en couchant les mots sur le papier.
Je garde le sourire
Même avec mon regard je peux mentir
Non pas par irrespect
Mais pour ne pas blesser.
Car certaines douleurs n'ont pas à être partagées
Protéger le coeur des Hommes j'en ai pris la responsabilité.
Ce n'est pas toujours facile de ne rien dire,
Mais parler de ces souffrances serait pire.
Je continuerai d'affronter seule ces "au revoir",
Tant que çela évitera des pleurs de désespoir.
Je n'ai pas de haine
Juste un peu de peine
Pour des âmes meurtries
Qui n'ont pas compris
Que la mort doit s accompagner comme le premier jour de vie.
L'esprit quitte son corps mais ça n'est pas fini.
Il faut pouvoir dire au revoir
Car dans le prochain voyage on peut se revoir.
Il ne faut pas abandonner
Tout en sachant se détacher.
Je n'ai pas de haine
Juste une profonde peine
Pour ces anges partis seuls
Dans leur doux linceul.

Trouver l'équilibre
Avec ses amours
Tout en restant libre
De choisir le jour.
Trouver l'équilibre
Dans le désespoir
Tout en restant libre
De préférer le noir.
Trouver l'équilibre
Dans le flot de la vie
Tout en restant libre
De voyager à l'infini.
Trouver l'équilibre
Dans son coeur
Pour rester libre
De choisir son bonheur.
Être libre
D'être qui on veut
De vivre le déséquilibre
Pour être heureux.

Des fois j'aimerais que ça s'arrête
Toutes ces pensées dans ma tête
Surtout ces jours où je suis pompette.
Ce soir je suis fatiguée
De ces idées d'illuminés,
Qui sont pourtant des vérités.
De ce sentiment de différence
Entre le coeur d'un enfant plein d'innocence
Et la raison d'un adulte et de ses connaissances.
Des fois j'aimerais que ça s'arrête
Ces tourbillons et tempêtes
Ces parties de vie qui ne sont pas des fêtes.
J'ai tant envie de me poser
L'âme enfin en paix
Dans son monde d'harmonie et sérénité.

Nous sommes tous libres de nos choix,
D'emprunter ou non une nouvelle voie.
Si vous préférez votre place actuelle,
Ne critiquez pas ceux qui déploient leurs ailes
Pour vivre leur vie d'amour et de paix,
Et qui, à leur mort, n'auront aucun regret.
Nous avons tous ce pouvoir de décision
De ne plus vivre que d'illusions.
De nous lever chaque matin
L'esprit et le coeur sereins.
Votre vie vous appartient
Ne laissez personne vous poser des freins.
Rappelez-vous que tous les rêves sont possibles
Aucun n'est inaccessible,
Temps que dans votre coeur vous garderez humilité,
Confiance, amour et sincérité.
Décidez aujourd'hui de vivre votre vie,
Et bannissez toutes ces excuses infinies.
N'oubliez pas que quoi que vous décidiez,
Le temps passe sans jamais s'arrêter...

Je vois avec un coeur d'enfant
Même si mon esprit adulte reste conscient.
Nous savons tous deux coexister
Pour que toutes les merveilleuses réalités
Permettent aux autres de rêver.
C'est dans le coeur d'un enfant
Qu'on comprend l'importance du présent.
Être soi tout simplement
Vivre sa vie pleinement
L'esprit adulte doit quant à lui
Protéger et guider, sur les chemins de la vie,
Les rêves pour qu'ils se réalisent à l'infini.

Lorsque l'amour de la vie devient une torture
Parce que le regard des autres te préoccupe
Et que tu rejette ce que ton coeur ressent,
Ou tout au moins tu le passes sous silence.
Avoir le désir de leur offrir un futur,
Que de leur âme et leur coeur ils s'occupent.
Tant d'aide à apporter dans leur présent
En faisant face à toutes ses formes de violence
En être réduit à se forger une armure
Sans pourtant être dupe
Qu'on ne peut complètement effacer ces sentiments
Ils viendront toujours nous rappeler leur présence.

La vie semble s'obstiner
A vouloir me donner
Ce cadeau tant convoiter
Que je persiste à refuser.
Je ne comprends pas pourquoi
L'univers n'entend pas mon choix.
Ce n'est ni le moment ni l'endroit
Pour cette expérience de joie.
Définitivement j'ai pris ma décision
Sur cet événement j'ai posé ma conclusion
Malgré cet amour, il n'y aura pas de fusion.
Il restera dans mes rêves, une illusion.

Mon corps bataille
Il faut qu'il s'en aille
Mon âme impose sa raison
Mon coeur sera son unique maison.
Quelle que soit sa conjugaison,
Quelle que soit sa déclinaison,
Peu importe la saison,
Et même le diapason,
Il ne peut y avoir d'autre terminaison
Que cette éternelle conclusion.
Mon coeur bataille
Mais sait qu'il te trouvera de l'autre côté du portail.

Dans les discours il y a incohérence,
Dans la franchise il y a insuffisance,
Voilà un nouveau coups de poignard dans la confiance.
Mon âme repart dans son errance
Dans ce monde d'apparence,
Le coeur de nouveau en souffrance.
Juste envie de tirer ma révérence.
Je ne partirais pas dans la déchéance,
Je garderais uniquement pour eux ma bienveillance.

J'agis en mon âme et conscience,
Dans le silence.
Toute cette souffrance
Tombée dans l'indifférence,
Je la vois avec tolérance,
Mais mon coeur n'en fait pas acceptance.
Alors que le monde vit de complaisance
En oubliant la bienveillance,
En détruisant l'innocence,
Avec l'univers je fais alliance,
Pour que subsiste l'espérance,
Et que l'amour renaisse en toute puissance.

Le présent
Est un temps,
Celui existant
En cet instant.
Il est dans un autre thème,
L'offrande d'un bien ou d'un sentiment,
Ou même du temps,
Pour ceux que l'on aime.
Il est aussi un état,
Celui d'être là,
De ne pas être absent
Dans l'espace ou le temps.
Qu'il soit nom commun ou adjectif,
Soyez-y très attentif,
Car il est aussi intensif
Qu'il peut être furtif.
Faites qu'il soit toujours joyeux,
Avant qu'il ne vous dise adieu.
Dans son ciel silencieux,
Il est ce que vous avez de plus précieux.

En réalité
On ne le voit jamais.
Pourtant vous y croyez.
Il vous fait tous rêver.
Il a toujours le sourire.
Il aime vous faire plaisir.
Il n'a pour lui aucun désir.
Juste ne voir personne souffrir.
Il est un ami sincère venu du ciel.
Il est comme un ange sans aile.
Son monde semble irréel.
On l'appelle le Père Noël

Visite d'un village abandonné,
Suivi d'une de ses âmes dans un chat réincarné.
Des murs de pierres bordent des rues pavées.
Une odeur de cendre s'élève de vieilles cheminées,
Rappelant les poêles à charbon des temps passés.
Dans une maison nous sommes rentrés.
Le chat nous y avait guidé.
Il sauta sur un rebord de fenêtre ébréché,
Et sur un câble il a tiré.
Un petit volet métallique s'est fermé,
Et un autre, plus grand, s'est levé,
Laissant apparaître une baie vitrée.
Derrière cette fenêtre une scène se jouait,
Comme un film sur un écran de télé.
Mon ami chat s'est assis et a regardé.
Lorsque d'un coups vers moi il s'est tourné,
J'ai compris qu'il était un esprit de ce passé
Venu nous raconter son histoire et celle de ce village oublié.

Avec mon chien sur le chemin me baladant,
J'entendis s'élever de la forêt des chants.
Il s'agissait des adeptes en tenue de pénitent.
Parmi eux, je connaissais deux enfants déjà grands.
Aujourd'hui, vêtus de leur cape mystérieuse,
d'un beige ornée de pierres précieuses,
Ils s'apprêtaient à une action ténébreuse :
Le sacrifice d'une âme pieuse.
Mon sang ne fit qu'un tour,
Mon coeur se mit à battre comme un tambour,
L'idée me traversa l'esprit sans détour :
"Cours ! "

D'une amie, cinq enfants sont nés
Ils sont en danger,
Le diable veut les emporter.
Ma mission est de les protéger,
Alors dans un immeuble je les ai caché.
Mais le Mal les a retrouvé.
A temps je suis arrivée,
Leur enlèvement j'ai empêché.
Le diable et moi, nous nous sommes lancer dans un combat de magie.
Je n'ai plus peur de lui ...
Alors qu'il me croyait à sa merci,
Et que je pensais à la protection de l'Univers,
Il se mit en colère.
Avec moi il n'en avait pas fini.
Il m'emmena vers la mer
Dans l'intention de me noyer.
Mais il ne savait pas qu'elle ne le laisserait pas faire,
Sous l'eau je peux quand même respirer,
Car la mer est aussi ma mère.
Le diable, désespéré
Me lâche et disparaît.
Les enfants sont sauvés.

Montant le chemin avec 20 kilos
Et mon sac de tricot sur le dos
Survient l'inspiration.
Mais sous la main pas de papier
Juste ma laine et mon crochet
Et ma transpiration.
Une envie d'une petite douceur
En ce jour particulier.
Pas question de se priver.
Aujourd'hui pas de step.
Aller apprécier un petit plaisir :
Celui de la chandeleur.
Succomber à un simple désir :
Manger des crêpes.

Quand je suis arrivée
Ta présence je ressentais.
Quand je t'ai rencontré,
Tu paraissais contrarié.
Tout le monde cherchait à t'éviter.
Avec toi j'avais envie de discuter.
Pourquoi les gens te craignaient ?
Je cherchais ton amitié,
Toi, âme de cette chapelle que tu hantais.
On te surnommait l'énervé.
Pourtant en ta compagnie je ne sentais pas de danger.
Juste un esprit en colère et désespéré,
Une entité qui cherchait la vérité.
Plusieurs fois on s'est croisé.
Puis un jour, une fleur je t'ai apporté.
Au pied de la ruine je l'ai planté,
Et ce monde tu as quitté.
Maintenant tu es en paix.
Mais en moi un vide tu as laissé.

Je suis à la recherche d'un enfant
Dans ce lieu mystérieux et blanc,
Paisible et accueillant.
Où peut être ce garçon disparu
Ce jeune être appelé l'élu ?
Alors que j'arpente les rues,
Je rencontre deux enfants de blanc vêtu.
Ils savent pourquoi je suis là,
Et me montre un portail du doigt.
Une grille gigantesque toute dorée.
Je comprends que le garçon est de l'autre côté.
Mais on ne m'autorise pas l'accès.
Je ne pourrais pas à sa famille le ramener,
Mais là où il est, il est aimé et en paix.

Me voilà enfin dans tes bras.
Cela faisait trop longtemps.
Alors que tu m'enlace tendrement,
Le désir monte en moi.
Rapidement nous nous retrouvons nus sous les draps,
Oubliant l'espace et le temps.
Nos lèvres se touchent délicatement.
Nos langues se croisent amoureusement.
Tes mains se glissent dans mes cheveux.
La sérénité envahit mon corps.
Je ferment lentement les yeux,
Et tu me serres encore plus fort.
Dans le silence, le monde on oublie,
Et débute une étrange mélodie.
Nos mains caressent nos corps,
Flirtant entre la douceur des sentiments
Et la force du désir.
Comme sur un instrument,
Sur ma peau tu cherches le meilleurs accord.
Puis je sens tes doigts jouaient différemment
Comme dans la tendresse d'un slow
Tes doigts continuent de glisser
Dans un surprenant méli-mélo,
Jusqu'à ce que je les sente me pénétrer.
Du désir jaillit le plaisir
Un murmure s'échappe de ma bouche
Ce n'est de notre chanson qu'une ébauche
Exprimant paradoxalement
une puissance valant l'explosion d'un volcan.
Mon corps frémissant

Te désire encore plus profondément.
Comme dans un galop de liberté
Je te chevauche
Les paroles de notre mélodie
sont en accord avec le rythme de notre danse,
Nos corps en perpétuel mouvement,
Le plaisir inonde nos âmes,
Plus brûlant que les flammes,
Jusqu'à une nouvelle irruption volcanique.
Une jouissance partagée, magique.
La danse ralentie,
Mais ça n'est pas encore finie.
Sans regret ni remords de cette décadence,
Nous nous enlaçons avec amour
Faisant taire le son des tambours.
Nos corps fatigués
Laissent nos coeurs s'exprimer.
Nos âmes partent pour une nouvelle histoire
Gardant précieusement notre chanson en mémoire.

Alors que les flammes dansent,
Les étoiles annoncent une naissance.
Au delà de ces lumières qui scintillent,
Les esprits préparent l'arrivée d'une fille.
Cette fois-ci, ça n'est pas un message de mes rêves,
Mais une intuition de mon coeur qui s'élève.
Ces enfants devenus grands,
Vont à leur tour devenir parents;
Mes pensées se tournent vers un couple en particulier,
Car plus que de l'amitié,
Des sentiments d'amour et de protection sont nés.
Avec gratitude et sincérité,
J'ai émis un profond souhait.
L'univers est en train de me l'accorder.
Alors que ça semble physiquement impossible à réaliser,
Je garde foi en mes désirs les plus secrets,
Car ils sont symboles d'amour, d'harmonie et de paix.

Dans une pièce sombre
A la recherche d'une ombre
Indiquant la lumière
Exauçant une prière
Des cris stridents
Des hurlements
Une douleur légendaire
Digne de l'enfer.
Voilà le prix du péché.
Par le diable ton âme sera enlevée,
La souffrance éternelle est ta destinée,
Jusqu'à ce que le pardon te soit accordé
Si les sincères remords et regrets
De ton coeur sont exprimés.

<u>Pour ma fille Coco Lou</u>

Dans cette tristesse
Je suis en détresse.
Avec cette vie,
J'ai compris que tu en avais fini.
Mais là, je n'y arrive pas.
Je ne l'accepte pas.
Je suis douée pour parler de sagesse,
Mais dans mon coeur, aujourd'hui, il y a trop de tristesse.
Non, il n'était pas temps.
Nous devions partager encore tant de moments.
Non, aujourd'hui je n'y arrive pas,
Même si chacun me dit que ça passera.
Quelques heures avant ton départ,
Je sentais que j'allais devoir te dire au revoir.
Alors mon coeur et mon âme ont hurlés.
Et tout mon amour j'ai exprimé
Dans quelques mots,
Notés sur les réseaux sociaux.
J'avais besoin de les partager,
J'avais besoin de me sentir serrée.
Mon coeur était en train d'exploser.
Tant d'amour j'ai encore à te donner...

Encore un enfant qui nous a quitté.
En direction de la clinique je me dirigeais
Quand est survenue une étrange sensation,
Je dirais même une appréhension.
Leur nombre diminuant,
Renforçait notre amour, paradoxalement.
J'ai pris conscience que personne ne comprendrait.
Peu à peu, je ne gagnais pas en liberté.
Bien au contraire, je perdais ma paix.
Je m'éloignais de cette merveilleuse simplicité.
Ils sont mon monde, ma vie.
Et un jour tout sera fini...
J'ai peur ...
En moi quelque chose meurt...
l'univers concrétise tous mes désirs.
J'ai celui de ne pas partir.
Pour la réalisation de celui-ci,
Il n'y a pas de possibilités infinies.
Mon coeur et mon âme
Ce sont unis à ces montagnes.
Mon bonheur est dans ce silence.
Sur ces terres, je règne sur ma démence.
Si je ne fais pas aujourd'hui le choix,
Un jour de lui même il s'imposera
Et peut-être pas comme je voudrais qu'il soit.
Laissez-moi dans mon monde d'amour et de paix
d'harmonie, de sincérité et de respect.

En randonnée avec des amis
Nous recherchons l'un d'entre nous disparu.
Dans une forêt des montagnes du Sud,
Se trouve une maison en pierre il y a longtemps bâti.
Les murs sont intacts et elle possède deux étages.
A l'intérieur, il y a une pendule à balancier.
Elle semble avoir été laissé là exprès.
Elle est belle, en bois,
Mais ne fonctionne pas ...
Sauf juste pour moi, quelques sons,
Quand je ne lui prête pas attention.
Accolée à la maison, il y a une terrasse,
Semblant former avec des pierres, un dessin.
Serait ce un message ?
Une piste pour notre ami disparu ?
C'est pour nous une certitude.
Trois lettres se distinguent :
E F et L formant avec la craie un chemin.
C'est une histoire de dingue.
Nous ne pouvons pas aller plus loin.
Nous devons cacher le terrain.
Personne ne doit trouver les lieux.
Sur la montagne, il y a des traces de craie bleue.
Nous rajoutons du violet et du vert
Pour ne pas dévoiler le mystère.
Et nous reviendrons
A la prochaine saison.

Bonjour jeune garçon,
Dont le coeur est si bon,
Et dont je connais le don.
Cette nuit, je t'ai vu dans mes visions.
Je n'ai pas souvenir de l'histoire,
Juste de ton regard,
Plein d'espoir,
Quand tu es venu me voir.
Ton message était important.
J'ai compris, en le lisant,
Que nos vies allaient prendre un grand tournant,
Avant qu'on ait le temps de compter jusqu'à cent.
Avec les chiffres, tu devinais le destin,
Tu pouvais guider sur le bon chemin,
Mais quand arrivera 8951,
Ce sera la fin ...

Ce soir plus que jamais vous êtes là.
Ce soir intensément vous êtes dans mes bras.
Il y a tant d'énergie et d'amour en moi !
Mais les exprimer et les partager je n'y arrive pas.
Ce soir plus que jamais vous êtes là.
Depuis déjà tant d'années ma Kyara
Tu m'aide pour que tes semblables aient confiance en moi.
Probablement je n'aurais jamais pu les sauver
Si tu n'avais pas été à mes côtés.
Ce soir j'ai besoin de toi plus que jamais.
Non pas pour une nouvelle âme à héberger,
Mais pour mon propre coeur à panser.
Tant d'amour il veut exprimer
Tant de sentiments il veut partager.
Pourtant dans ce monde humain il s'est emprisonné.
Grâce à toi j'ai pu laisser Joli-Coeur arriver.
Dans mon coeur il s'est greffé.
Jamais je ne veux que nous soyons séparé.
Ce soir plus que jamais
Je ressens votre amour à mes côtés.
Dans ce monde, il y a tant de douleur et de colère !
Pourtant j'implore de tout mon coeur l'univers,
Pour que les humains de cette Terre,
Trouvent en eux la foi et la lumière.
Que les paroles d'amour les plus sincères,
Soient exhaussés dans leurs prières.
Ce soir plus que jamais j'ai besoin de vous.
Vous êtes ma vie, et mes garde-fous.

La fille de l'eau

Une jeune fille dont personne ne connaît l'existence,
Vit dans la profondeur des eaux sous une étrange apparence.
Elle puise sa force dans l'amour que vous dégagez,
Et l'utilise avec sa propre foi.
Si vous aimez avec sincérité,
Alors il n'y aura pas d'autre choix :
Pour elle l'amour est un péché,
Vous n'aurez donc pas d'autre droit
Que de mourir dans l'atrocité :
Lorsque que vous vous baignerez dans la mer,
Ou même dans une rivière,
Elle se transformera en l'être aimé,
Elle surgira des profondeurs avec sérénité,
Elle vous sourira et vous tendra les bras.
Vous croirez enlacer votre moitié.
Et sans que vous n'ayez le temps de faire quoi que ce soit,
Elle vous aura dévoré …

Quel agréable rêve,
Quelle paisible vie,
De se lever quand on a envie.
De profiter du jour qui se lève.
De décider de son emploi du temps.
D'aller observer la lune orange.
De participer à l'exposition de voiliers,
Et même d'intégrer un équipage pour une course d'amitié.
Se lancer des défis et gagner ses propres challenges.
Marcher dans la forêt pour communier avec ses enfants,
Et laisser vivre ce plaisir de liberté,
Où il n'est nul besoin de travailler
Et où l'argent ne tient aucune place.
Seul les dons individuels servent à la communauté.
Personne n'a ce besoin de trouver son reflet dans une glace.
Avec l'être aimé je peux tout partager.
Avec notre amour, nous recherchons ce qui a disparu.
Ne comptant pas les kilomètres parcourus.
Avec et pour ma famille, j'organise de grands repas,
Jusqu'au sommet de l'Himalaya.
Avec cet ami poète,
J'écris des rimes en toute simplicité et sans arrières pensées.
Sans convoiter un monde de paillettes,
Juste échanger des poèmes en toute sincérité.
Voilà une vie de rêve et de sérénité....

Allongé sur ton lit,
Je sais que tu te sens seul mon ami.
Tu contemple une photo sur un mur,
Celle d'une petite âme pure.
Des larmes s'écoulent de tes yeux
Lorsque ton regard se dirige vers les cieux.
Depuis qu'elle a disparu,
Personne ne t'a plus jamais entendu.
Tu t'es enfermé dans le silence,
Jusqu'à ce qu'on fasse connaissance.
Tu n'utilisais pas la parole pour t'exprimer.
Dans mes rêves tu venais me retrouver.
Nous sommes les seuls à connaître la vérité :
C'est le diable qui l'a emporté,
Il y a déjà plusieurs années.
Depuis tu n'as jamais arrêté de la chercher.
C'est pour la retrouver que l'on s'est rencontré.
Je suis un esprit qui voyage entre les mondes
Pour venir en aide aux innocents.
Dans ton coeur il y avait cette tristesse si profonde,
Qu'elle m'est parvenu au travers de l'espace et du temps.
Je ne sais où ce voyage nous mènera,
Ni même si on la retrouvera.
Mais tant que l'espoir subsistera,
Je resterais, mon ami, près de toi.

Nous vivons enfin ensemble,
Dans une maison qui nous ressemble.
Nous avons deux enfants.
Ils sont déjà grands et indépendants.
Je suis enceinte de notre troisième garçon,
Enfant de notre amour, de notre passion.
Ce soir tu es de sortie,
Un repas d'anniversaire avec des amis.
J'ai préférée ne pas être de la partie.
Fatiguée, je n'aurais pas été de bonne compagnie.
Alors que tu te prépare,
Un événement retarde ton départ :
Je me mets à perdre du sang.
Je crois que je perds notre enfant.
Tu essays d'appeler les secours,
Mais personne n'accourt.
Je te rassure en disant que tout va bien.
Ça ne sera pas la première fois, ça n'est rien.
Je parviens à te persuader
Que simplement je vais gérer.
Pendant que tu iras chez tes amis,
J'irais m'allonger dans le lit.
Alors que je me repose,
Je sens qu'il se prépare quelque chose.
En fait le sang perdu,
Était la préparation de sa venue.
Notre fils va arriver !
Pourtant nous sommes loin de la date présumée.
Je suis un peu angoissée,
Alors je décide de partir te chercher.
J'aimerais que tu sois à mes côtés.
Je croise tes amis, un peu bourrés,
M'indiquant t'avoir déposé à ta voiture.
A la maison je fonce à toute allure,
Pensant t'y retrouver.

Je rentre, mais tu n'es pas encore là.
Notre enfant ne veut plus attendre,
Et le temps je ne peux le suspendre.
Je retourne m'allonger,
Et je tente de me relaxer.
Puis je le vois !
D'abord le haut de sa tête,
Légèrement chevelue.
Puis son front.
Je ne ressens aucune douleur,
Ni aucune frayeur.
Il doit naître de toute façon.
Je reste détendue.
Pour la suite je suis prête.
Il sort seul, lentement.
Je vois ses yeux
Ouverts et brillants.
Le regard d'un ange envoyé des Dieux !
Je tends les bras et avec mes mains,
Que je glisse sous sa tête, je le maintiens.
Là tout s'accélère.
Apparaît le haut de son corps,
Et tout entier le petit homme sort.
De manière prématurée,
Est né notre bébé.
Je le serre tout contre moi,
Lorsque tu ouvre la porte et l'aperçoit.
Tu te précipite vers moi.
Je te présente notre fils.
Dans tes yeux brillent mille feux d'artifice.
Et je sors de mon sommeil,
Réveillée par les rayons du soleil.

Ma chère et tendre amie,
J'ai décidé de t'écrire aujourd'hui,
Car dans mes rêves tu es apparue cette nuit.
Tu avançais dans la vie avec prudence,
En toi tu n'avais pas confiance.
Tu avais rencontré ton grand amour.
Tu le voulais pour toujours.
Pourtant un jour tout a basculé.
Tu t'es trouvé un nouveau métier.
De nouveaux amis tu as rencontré.
Et tu as changé.
Tu as tout quitté :
Ton adorable chien que tu aimais comme un enfant,
Est devenu soudain ton fardeau.
Cet homme pour qui tu étais de la vie le plus beau des cadeaux,
Et qui voulait juste te chérir tout le temps.
Tu as rejoins un monde de pure apparence,
Ne te nourrissant que de vengeance.
Tu ne semblais chercher qu'une fausse existence,
Au lieu d'une vie d'une sincère abondance.
Je t'apprécie énormément,
Et je suis sûre que ton coeur est toujours aimant.
Tu me manques profondément.
Je te souhaite de retrouver la paix et l'amour dès à présent.

Dans une ville de bord de mer, un incendie.
Beaucoup de pompiers mobilisés,
Y compris un ami que j'accompagnais.
Non pas pour intervenir avec lui,
Mais pour rejoindre un groupe d'alliés,
Protecteurs des dauphins gris.
Alors que les flammes s'intensifient,
Nous formons une chaîne humaine face à la mer,
Pour faire croître nos énergies,
Et protéger toutes ces vies.
Observant les ombres des animaux
Nageant secrètement au fonds des eaux,
Mon attention se porte sur un hélicoptère.
Le pilote est en fait la fille de mon ami.
Elle arrose la ville en feu,
Lorsque soudain, l'appareil se penche sur un côté,
Comme pour prendre son élan,
Et se jette sur une des maisons en flamme.
Le temps semble s'être arrêté un instant,
Puis, dans une sensation de monde qui vacille,
Nous reprenons nos esprits,
Et nous précipitons, priant les Dieux,
Que la fille soit encore en vie.
Les pompiers arrivent à la récupérer
Mais elle est gravement blessée.
Tout un convoi se mobilise pour l'emmener aux urgences
Afin qu'elle puisse être sauvée,
Et peut être comprendre ce qu'il s'est passé.
Nous le suivons avec prudence
Car nous traversons l'incendie qui n'est toujours pas maîtrisé.
Je me surprends à prier
Pour que les dauphins viennent nous aider ...

Ce soir nous sommes 3 à s'être réunis.
Encore pour la disparition d'une jeune enfant.
Cette fois ci, nous sommes sûres qu'il s'agit d'un enlèvement.
Avec ma petite soeur et notre amie,
Nous avons lancé une investigation.
Nos recherches nous ont mené à la frontière.
Pas de doute, elle est en Italie.
Ma petite soeur, dans la précipitation,
Part seule retrouver la prisonnière,
Espérant qu'elle soit encore en vie.
Dans sa hâte et en toute inattention,
Elle a oublié sa carte d'identité.
Maintenant elle aussi est en danger
De se faire arrêter et jeter en prison.
Avec notre amie nous suivons les chemins.
Le temps nous est compté.
Nous n'avons que jusqu'à demain
Pour toutes les deux les retrouver,
Et revenir en France en toute sécurité.
Alors que la nuit vient de tomber,
Enfin, ma petite soeur nous réussissons à récupérer.
Nous allons toutes les trois nous reposer,
Toujours en Italie, cachées.
Nous repartirons demain matin,
A la recherche de la petite fille enlevée,
Priant qu'elle soit protégées par nos anges gardiens. ...

Dans mon silence,
Et mon sourire en toute apparence,
Je n'ai qu'un seul désir :
Laisser mon corps intervenir
En accord avec mes pensées.
Tout être a droit à sa liberté.
Tout âme peut vivre en paix.
Il suffit de choisir le respect.
Mon coeur plein de tolérance et compassion,
Mon esprit empli de compréhension,
S'accordent dans une parfaite union
Lorsqu'il s'agit de défendre la vie.
Lorsqu'il s'agit de rétablir l'harmonie.
Je demande à l'univers
Qu'il transforme en amour ma colère.
Que l'air qui s'échappe de mes poumons
Devienne une véritable révolution
D'amour, de paix et de raison.

Chaque coups de tonnerre
Est l'expression de ma colère.
Mais de cette négativité je n'ai pas envie,
Même si elle est une réalité,
Que j'ai appris à accepter.
Alors avec impatience j'attends la pluie,
Pour que chaque goutte d'eau qui touchera mon corps,
Soit une caresse d'amour et de force,
Pour continuer à sourire
Et pour réaliser mes désirs,
Qui sont transmettre le respect,
Partager l'amour et la paix.

CONCLUSION

Écrire des poèmes est à la fois une passion et un jeu. Du plaisir que je veux partager.
Même dans les moments difficiles, écrire ces textes est une façon de surmonter les épreuves. De trouver de la douceur dans les mots en jouant avec eux, en les faisant rimer.
J'ai une vie riche en événements, en émotion, et en faire un livre pour partager ces instants, est un vrai bonheur. C'est ma façon de montrer que, quels que soient les expériences, les situations, que vous rencontrez, vous pouvez toujours chercher une solution pour les tourner à votre avantage. Pour les transformer en quelque chose de positif. Et donc pour continuer votre chemin. Pour avancer vers votre propre bonheur.
Croyez en vous. Aimez la vie et remerciez là chaque jour. Elle n'en sera que plus belle !

www.ingramcontent.com/pod-product-compliance
Lightning Source LLC
Chambersburg PA
CBHW070306100426
42743CB00011B/2368